무위 읽기

지성.감성의 메타언어
조선문학사시인선.948

무위 읽기

박 진 환 제500시집

조선문학사

■ 책머리에_시인의 말

  상재한 시집 『무위 읽기』는 내 500권째 시집이 된다. 499권째 시집인 『무위의 언어』에 이어 출간함으로써 소박하게 말하면 자연읽기이니 자연의 해석이랄까, 풀이랄까, 번역이나 통역이랄까쯤이 된다.
  어찌 자연을 풀이해 언어로 재구성해 새로운 모습이나 의미로 태어나게 할 수 있겠는가마는 보기에 따라서, 읽기에 따라서, 생각하고 느끼기에 따라서 자연은 그 모습이나 본질을 얼마든지 달리하게 된다.
  자연은 풀이되기를 원하지 않는 것이 아니라 풀이되기를 초월하기 때문이다. 이를 번역하고 통역한다는 것은 시의 역할 밖에 자연이 존재한다는 뜻이 된다.
  그렇기는 하나 자연의 이모저모, 사물의 형상을 주어진 대로가 아닌 새로운 시각으로 변용·변형함으로써 사물 뒤에 가려져 드러나지 않는 비의를 발견함으로써 초월에 도전하는 것이 시의 창조적 역할일 듯싶어 읽음으로써 접근해 보고자 한 것이 시집 『무위 읽기』다.

자연의 재해석·재구성·재발견을 통해 자연을 담아내고자 한 용기(容器)로 제시하고 싶은 것이 시집 『무위 읽기』란 점을 밝혀두고 싶다.

2024년 초추
저자 씀

무위 읽기 차례

책머리에_시인의 말 / 5

제1부 인연의결(因緣依結)

무위의 행보 / 13
인연의결(因緣依結) / 14
공원소묘·1 / 16
공원소묘·2 / 17
공원소묘·3 / 18
공원소묘·4 / 19
벚꽃 지는 날에 / 20
늦더위 / 21
여름이야기 / 22
바람 / 24
처서 전후·1 / 27
처서 전후·2 / 28
초추 짜깁기 / 28
초추초(初秋抄)·1 / 30
초추초(初秋抄)·2 / 32
초추초(初秋抄)·3 / 34
초추초(初秋抄)·4 / 35
초추초(初秋抄)·5 / 36
초추초(初秋抄)·6 / 37
초추초(初秋抄)·7 / 39
초추초(初秋抄)·8 / 39

초추초(初秋抄)·9 / 40
초추초(初秋抄)·10 / 42
초추초(初秋抄)·11 / 43
초추초(初秋抄)·12 / 44
초추초(初秋抄)·13 / 45
초추초(初秋抄)·14 / 46
가을 예감·1 / 47
가을 예감·2 / 48
가을 예감·3 / 50
가을 예감·4 / 52
가을 예감·5 / 54
모과 / 55
가을 발성 / 56

제2부 근황·독거시편

근황시편·1 / 59
근황시편·2 / 60
근황시편·3 / 62
근황시편·4 / 64
근황시편·5 / 65
근황시편·6 / 66
독거시편·1 / 67
독거시편·2 / 68
독거시편·3 / 69
오늘을 살아간다 / 70
주말의 시·1 / 72
주말의 시·2 / 74

주말의 시·3 / 76
나여서 / 77
비염앓이 / 78
한때의 한가 / 80
시인의 길에 충실로 안분지족 / 82
그리움·1 / 84
그리움·2 / 86
영주권이 부여된다 / 87
늦깎이 인생 아니던가 / 88
대자(對自) / 90
당신 얼굴 / 92
외로움과 그리움 / 93
외로움 & 그리움 / 94
사천(思泉) / 95
언어의 그리움 / 96
사랑학·1 / 98
사랑학·2 / 100
못다 했던 말 / 101
감사한다 / 102
행복이란 / 104
연민 / 106
수국 피는 날에 / 107
허! 허(虛) 무 / 108
하루의 마무리 / 109

제3부 기타 시편

답 / 113

선악 / 114
순응 / 116
한가도 반납한 / 117
플래카드 풀이 / 118
동리(凍梨)가 되어보면 안다 / 120
선(善) / 122
고양이의 꿈 / 123
앰뷸런스 악음 / 124
매질 / 125
비 오는 날의 함수 방정식 / 126
도강(渡江) / 128
인간이란 / 129
오아시스를 찾고 있는 중 / 130
추억 / 132
연휴일기 / 134
비가 오면 / 136
명절 유감 / 137
비 오는 날 / 138
우울 / 140
깜박증이 될 줄이야 / 141
신촌 세브란스병원에서 / 142
존함에 먹칠한 것이나 아닐지 / 144
땀의 결실 / 145
땀깨나 흘렸다 / 146
현황 / 148

제1부
인연의 결(因緣依結)

무위의 행보

압각수
느티
플라타너스
거수(巨樹)들의 표정이 심상치 않다
열독의 독기가 빠져나가자 후유증인지
영양실조인지 누리끼한 병색이 완연하다

얼룩으로 박혔던 그늘들도
바람의 삽상기가 부챗살로 펼쳐지자
에워쌌던 햇볕들을
그늘 밖으로 밀어냈다
공원은 커다란 원이 되어
가장자리를 오므렸다 폈다 되풀이했다

수축과 확장 사이로 길이 하나 열리면서
도폭(道幅)은 확장됐고
오고 가는 무위의 행차가
행보를 달리했다
염제의 패잔병들은 유형처럼 끌려갔고
초추는 황금마차를 타고 당당히 입성했다

인연의결(因緣依結)

인(因)하고 연(緣)함으로
맺어진 자연의 섭리
피는 한 송이 꽃도
개화를 기다려 찾는 한 마리 벌도
다 인하고 연함으로 인연한 것을

태어나 살면서 맺는 가연(佳緣)도
가연의 열매들도
생사의 갈림길도
다 인하고 연함이며
의(依)와 결(結)함이 아니던가

삼라만상이 맺음하고
생하고 멸하길 되풀이하는 것도
인하고 연하고 의하고 결함의
연속성의 원리를 좇음이거니
자연의 천리이고 법도다

인과 연과 의와 결은
맺어진 무위의 섭리

섭리 좇고 좇아 맺고 풀고
풀고 맺는 순리와 순리의 매듭들
매듭의 견고함이 무위의 질서인 것을

공원소묘 · 1

열독이 가신 햇살은 빈혈기 완연하고
수림들의 가지는 햇볕 결핍증인지
누렇게 뜨기 시작한다

아침저녁 찾아오는 서늘기 면하려
갈아입은 긴소매는
빈혈기 회복한 하오의 햇살에 열독이 도진다

안산그늘이 도르르 말리면서
공원의 양지가 넓어졌고 뿌려진 금분을
뒤집어쓴 하오가 한 겹씩 금박된다

길게 등을 드러낸 채 누워있던 능선이
그늘로 치맛자락을 둘러
하체를 가린다

하오의 추일이 이러했고 이를
컷으로 재단해다 재구성한
초추의 공원 풍경이 또한 이러했다

공원소묘 · 2

모과의 청동 이마가
날 세운 햇볕의 칼날에
한 겹 또한 겹 풋기가 벗겨져 나가면서
가을의 무게로 매달려 있다

낭창낭창한 가지를 가누지 못한 거수들이
무게를 덜어내려는지
한 잎 한 잎 낙엽을 떨어뜨려 보지만
수직 하강하는 황금의 중량엔 속수무책이다

하오로 기우는 하루의 균형이 무너지면서
비스듬히 능선에 기대기라도 하듯
하루가 모로 쏠리자 일제히
그림자들이 쏟아져 나왔다

발자국으로 찍히는 낙엽들이
길을 내어 걸어가는 길 양켠엔
도열해선 코스모스가
보내는 건지 맞는 건지 가을로 서 있다

공원소묘 · 3

햇볕의 두께는 미세한 눈금으로 얇아지고
바람의 무게는 미세한 눈금으로 두꺼워졌다
공원은 예열로 부풀어 올랐던 부피가
바늘구멍으로 열기가 빠져나간 듯 쪼그라들고
거수들의 그늘은 푸른 독기처럼 퍼졌다가
번질 기미가 가까스로 진정됐다
무게를 가누지 못해 휜 모과목의 모과들이
풋기가 가시면서 발그레 이마에 핏기가 돈다
수국의 파리한 표정엔 더위 먹은 병색이 완연하고
완연한 병색엔 가시지 않는 열독이 박혀있다
가지와 가지로 불길이 번지면서 목백일홍의
화형식이 며칠은 더 진행될 것 같다
처서 지난 공원의 표정들이 이러했고
표정들을 재단해다 커팅들로 재생한
공원의 표정이 이러했다

공원소묘 · 4

계절의 가숙지이자
간이역이기도 한 공원
머물렀다 떠나는
소이로
나그네인 바람이 찾아왔다
쉬어가는 가숙 · 간이역이 되어 주기도 한다

또 있다
지나가던 과객이 잠시 들러
쉬었다 가기도 하고
연인들이 추억을 남긴
회상의 공간이 되어 주기도 한다
시민들이 노독을 푸는 쉼터인 셈이다

내겐 하루의 간이역이다
떠났다 돌아오는 길목 목로주점 삼아
잠시 쉬어감이 하루치의 행복이다
쉬면서 얻는 것 듣는 것이
무위가 베푸는 선물
내 시의 발상처이기도 한 독립공원

벚꽃 지는 날에

분홍 날개를 펄럭이며
수천·수만 마리의 나비 떼가
군무를 펼친다

날개마다 털어내는
순도 120%의 햇볕이
황금 분말로 쏟아져 내린다

날리는 꽃잎마다
다투어
새로이 꽃으로 피어나는

피었다 지는 낙화와
지면서 다시 피는
개화

늦더위

열옥의 꼬리를 잘라내지 못했는지
꼬리가 물려 빠져나가지 못하는지
둘 중 하나이거나 둘 다일 듯싶은
열옥을 갉아먹고 사는
더위라는 연체성 동물

연옥(煉獄)으로는 부족했는지
연옥보다 한 차원 높은 법도가 열옥(熱獄)이었는지
염제도 어쩌지 못해
물러설 엄두를 내지 못하고 있는 건지
연일 뿜어대는 독기에 지구촌은 염병앓이 중이다

얼음물을 끼얹어도 시원찮을 판에
열대야란 게 불덩이를 담는 화로여서
세상을 온통 만국여재홍로중으로
둔갑시켜버린 심술에 한발 한발(旱魃)
열옥행 유형에 끌려갈 뿐 속수무책이다

여름이야기

끈끈하게 달라붙는 떨어질 줄 모르는
아열대의 포식성 연체성 동물에게 뜯겨
땀에 전 육신만 남기고
정신은 온통 잡혀 먹혀버렸다
그중에서도 감미롭고 연한
정서는 흡혈귀에 피를 빨아먹히듯
고갈 직전에 직면했다

에덴에의 영주권 그리움을 빼앗겼고
짜증과 분노와 권태를 토해내게 한
연체성 동물의 독성은 열독이었다
에스킬러를 뿜어대듯 분무하는 열독에 마취된
정신과 정서는 그늘이란 쉼터를 찾아 겨우 연명하며
새로 생긴 열옥의 복당살이를 면하지 못했다

하(夏) 덥다 야(夜) 시원하다는
열옥의 주어가 되었고
지켜보며 뻐꾸기는 종일
폭군폭군만 되풀이 외쳐댔다
열독에 열옥이 돼버린 세상은 도치(刀治)

부치(斧治) 통치의 아픔을 겪어야 했고
뻐꾸기 따라 하야 하야만 외쳐댔다

바람

염제가 뿌린 열독(熱毒)이 두려운지
바람도 두문불출이다
열옥 면하려면 나들이 삼감이 상책
상책 두고 하책을 선택한 그런
못난 바람둥이는 아니다

나들이했다 제녀들에게 옷깃이라도
물려 돌아서지 못하는 날엔
형체도 없이 갉아 먹혀 종언 면치 못했다는
소문이 참새 떼 입방아에 오르고 있는 터
무악재 넘어오던 바람이 소문을 듣고 돌아갔다
고도 한다

어디선가는 더위를 보쌈질해 가다
염제에게 들켜 복부가 터진 채 나자빠졌다는
소문도 있었고
염제의 검문검색에 걸린 바람들은
현재 구 형무소에 임시 억류 중이란 소문도 있다

열독지대 코리아

바람의 안부가 궁금하다
돌아올 땐 삽상한 바람으로 반가이 돌아와 다오
돌아와 열독 대신
황금엽이라도 한 잎 가슴에 달아다오

처서 전후·1

열폭 더위
인내에 인내를 거듭하면서
처서 종착지 삼아 열사를 걸었다

더위가 물러선다는 처서
연체동물 더위의 꼬리가 조금씩 잘려나가면서
잘려나간 만큼 서늘기를 꼬리에 달았다

흐물흐물 감고 놓아주지 않던
연체동물에 하나둘씩 뼈마디가 생기면서
걸어서 내뺄 예비를 하는 듯싶다

바람도 열독을 털어내려는 듯
몸놀림이 잦고, 잦은 만큼
서늘기가 감겼다 풀렸다를 되풀이한다

처서 간이역 삼아 제녀들 돌아갈 차비를 하고
화저를 던진 염제도, 열독 뿜어내던
더위란 놈도 뼈마디가 생겨 내빼는 연습 중이다

처서 전후 · 2

바람의 꼬리에서 감지되는
미세한 서늘기의 촉감
나날이 눈금을 더해가는 예감 아닌
열독을 털어낸 바람의 회복기미가 보이는
순수

끈적끈적 달라붙어 떨어질 줄 모르던
연체동물이 서서히 간격을 연다
열린 사이로 처서가 지나가고 들어서는
서늘기가 열독을 해독, 어지럼증을 털고
정신을 회복시킨다

기미를 보이기 시작한 가을의 촉감
어디쯤엔가 코스모스가 피어 있을 듯한
서걱이는 발자국 소리가 들릴 듯한
바람의 꼬리 붓끝 삼아 주황의 색깔로 칠한
예감의 채색

초추 짜깁기

열독에 말려 구겨진 바람들이
접힌 주름을 펼치며
날갯짓을 회복한다

미동도 않던 가지들이
팔을 펼치기도 하고 굽히기도 하며
몸풀기가 한창이다

한 겹씩 열기를 벗겨내던
햇볕의 대팻날에 하오 그늘들의
껍질이 한 겹씩 깎여진다

며칠째 물기를 머금었던 구름들이
하얗게 바래지면서
한껏 부풀어 오르고

산정의 이마에 두른 구름자락이
바람을 끌고가는지
바람에 끌려가는지 행보가 더디다

배낭에 짊어지고 간 한나절을
버리고 오는 길인지
여인네들의 하산 길 배낭이 가벼워 보인다

초추초(初秋抄) · 1

끈적끈적한 점액질의 열기를 털어낸
햇볕이 맑다
바람도 더위가 물고 놓아주지 않는
연체성 꼬리를 잘라냈는지
서늘하다

매미울음도 구애의 뜨거움보다
돌아감을 슬퍼하는 울음소리로 들린다
이어졌다 끊기고 끊겼다 이어지는
맴 단음절이 음부로 매달렸다
하나씩 떨어져 나갔음이리라

안질이 치유되듯 뿌연 시야가 시력을 회복하고
인왕의 높이가 이마에 와 닿는다
정상이 이고 있던 구름을
무심에서 유심으로 보내면서
유동의 행보가 보폭을 달리한다

개진개진한 시력이 닦인 안경알처럼
말갛게 열리고 아미와 아미 사이로

열린 길 하나가 가로지른다
처서 간이역 삼아 떠났던
가을의 행보일 듯싶다

초추초(初秋抄)・2

흐느적흐느적 달라붙는 연체동물의
흡착성을 뜯어내지 못한 바람이
드디어 꼬리를 잘라냈는지
흔들어대는 몸놀림에 힘줄이 서 있다

거수들이 깔고 앉았던 그늘들이 일어나고
일어선 김에 외출이라도 하려는 듯
잠시 바람을 세워놓고
동행을 서두른다

열독을 게워내는지 한 무리의 까마귀 떼가
연거푸 토악질로 먹물을 토해내고
그늘들이 오염될세라
몸을 틀어 자리를 피한다

금비늘을 세운 하오가
허리를 틀며 움직이기 시작했고
안산자락 그늘들이
도르르 말리며 덕석말이에 말려갔다

그늘의 서늘기로 땀을 식힌
한때의 한가가 긴 하품을 토해내면서
하루치의 긴장을 게위내자
오수의 졸음들이 불침번을 서듯 에워쌌다

초추초(初秋抄)·3

열독 가신 이마에 서늘기 감기고
등줄기 식혀줄 때마다 중독됐던
정신 맑음이 돌고
맑음이 되어 접고 살았던
몽롱한 시계가 투명으로 열린다

이빨도 없이 혀로 핥아 피를 빨아먹던
연체동물의 먹성에
열독으로 혓바닥에 설암이 생겼거나
열치에 치통앓이로 이가 상했거나
둘 다일 듯싶은 소이로 열옥 벗어난 듯싶다

천고마비라 했던가
이름값을 하려는지 개진개진 짓물렀던 시력
주체할 수 없어 힘들었던 육신이
계절값을 하려는지 회복기미를 보인다
열옥 살아남은 내공으로 가을다운 가을 맞고 싶다

초추초(初秋抄)・4

아침저녁 서늘기로 열독을 닦아낸
햇볕은 정오에 이르자 다시 열독을 뿜어댔다

그늘의 두께가 얇아진 것 같았으나
착각이었고 습기가 가셔 고슬고슬해진 소이였다

제녀(齊女)들의 울음소린지 노래인지가
한 옥타브 발성의 음계를 낮추었다

열옥을 벗어난 건지 열옥의 때를 씻어낸 건지
무게를 던져버린 뭉게구름들이 부풀어 올랐다

두어 뼘쯤 키가 자랐던 산정들이
부운(浮雲)에 가려져 이마를 잃었다

아미와 아미 사이론 열린 길이 하나
걸려 있었으나 지나가는 사람은 없었다

초추초(初秋抄) · 5

열독의 두께가 하루가 다르게
한 겹씩 벗겨져 나간다
벗겨져 나갈수록
열옥의 깊이가 낮아지고
넓이 또한 서서히 좁혀진다

살갖에 박혀 검게 태워졌던
열독의 흔적들이 하나둘씩 지워지면서
연옥살이의 아픔들이 한 겹씩 허물을 벗는다
불 먹은 이마를 식히지 못한 땡볕을 제하곤
맑은 서늘기가 추(秋)하고 서(曙)하다

추함과 서함이 겹쳐졌다 열리면서
열린 사이론 하늘이 높이를 더하고
시샘이라도 하듯 산정도 꼿꼿이 이마를 세운다
산정의 이마와 아미 사이로 길이 열리고
먼 곳의 손 가을을 맞는다

초추초(初秋抄)·6

잎새들은 그린의 표피가 벗겨져 나가면서
누리끼한 오렌지색으로 변해갔다
계절따라 표정을 달리할 줄 알고
빛깔과 모양을 달리할 줄 아는
야성의 둔갑술
실로 오묘한 경이로움이 아니던가

변회를 통한 개벽이 없었던들
무위의 단조로움이 주는 권태를 어찌
감당했겠으며 무슨 즐거움이 있어
신명에 값 했겠는가
천지조화 그래서 조물주가
창주가 아니던가

공원은 작은 실험장
느티·압각수를 비롯한 거수(巨樹)들이
미다스의 손길로 태어날
황금왕국의 꿈을 꾸고 있다
선발대로 온 황금마차 한 대가 지나갔으나
아무도 본 사람은 없었다

초추초(初秋抄)·7

그린그린 이파리마다
엽록이 빠져나가면서
그린이 오렌지색으로 변조된다

가을의 빛깔이 순도 100%의 24K
황갈색 아니던가
순환의 질서를 좇음이니 순응주의가 아니던가

무위의 인(凶)함이며
자연에의 환원주의며
사계의 질서를 좇는 법도

인위로써 어찌 무위의 순리를 동행할 수 있겠으며
한단들 순수에 가 닿을 수 있겠는가
초추초, 가을 감식법을 빛깔로 배운다

초추초(初秋抄) · 8

그린그린 푸른 독으로 멍들었던
잎새들이 한 꺼풀씩 열독을 벗겨낸다
그늘의 두께가 배가 된다

열옥의 땀방울에 젖었던 이마들이
염기가 가시면서 서늘기를 드리우고
여름내 엄벙잃이로 나사빠졌던
산그늘들이 일어서기 연습 중이다

열독에 감염된 햇볕에 독기가 가시면서
그늘이 오므라졌다 펼쳐졌다 그물코가 되고
그물코에 포획된 하오가
서서히 끌려간다

안산자락이 하의가 벗겨지면서 반라가 된다
능선은 포복해 오르던 그림자들이 엎어진다
무위의 몸짓들이 벌이는 대낮이 정사
초추초가 보여준 한 컷 스냅이다

초추초(初秋抄) · 9

푸르름을 덧칠한 하늘은
자로는 척도될 수 없는 높이로
키를 세웠고
산정은 두어 자쯤 키가 자란
이마에 구름을 얹고 있다

키운 것과는 달리
압각수 이파리들은 멍든
시커멍을 한 겹씩 벗겨냈고
지켜보던 모과들은 시샘이라도 하듯
풋기를 한 겹씩 닦아냈다

한낮의 햇볕은 열독을 식혔는지
바람의 서늘기가 순도 120%의
순수로 삽상했고
빠개질 듯 따가웠던 이마도
열기를 솎아냈는지 열독이 가시었다

높이와
부피와 두께로 말하는

무위의 언어로 채색한 초추를 읽으며
한 그루 해바라기가 되어
가을로 서 본다

초추초(初秋抄)·10

열독이 빠져나간 햇볕은
느긋한 여유로움으로 치유기미가 역력하다
바람도 열독을 털어냈는지
삽상하게 감기는 서늘기가 부드럽다

햇볕과 바람뿐이랴
압각수도 멍든 풋기가 가시면서
잎잎마다 금박된
황금 주화로 매달려 있다

그늘을 거둔 거수들이
그림자를 거둬들이면서
햇볕은 영토를 늘려갔고
가지들은 부챗살이 되어 잔서를 날려보냈다

땀방울을 거둬낸 이마
청산과 마주하고
산정의 구름 한 자락 불러다
한운야학(閑雲野鶴)의 한가로 벗한다

초추초(初秋抄) · 11

햇볕이 얇아질수록
바람의 서늘기는 두터워진다
가지들의 빛깔이 황달기 못 면할수록
그늘의 두께는 얇아진다
서로 다름으로 상치할수록
같음으로 배가 되는 역리도 있다

초추초
어찌하여 다름이 같음이 되고
같음이 다름이 되는가
옴으로써 보내고
보냄으로써 맞는
가고 옴의 풍속은 무위의 법도

인위라고 다르겠는가
옴으로써 맞고
감으로써 보내는
순환의 질서를 좇는 순리로
무위의 순리를 좇음인 것을
초추초, 가을맞이로 무위의 법도를 배운다

초추초(初秋抄) · 12

봄가을 도지는 알레르기 비염만 있는 줄 알았더니
무위에도 춘추면 도지는 황달기가 있는 모양이다
플라타너스 · 압각수 · 느티 등 거수들의
잎잎마다 황달기가 완연하다

저 무지했던 열옥의 열독이 빠져나간
후유증 때문일까
독기 가시자 쇠퇴해진
빈혈기 때문일까

인(凶)함과 결(結)함이 따로따로가 아닌
인간도 무위와 한속이니
자연의 순리 좇아 순응함이
법도 좇음이 아니던가

옛분들의 말씀, 우리들은
사람을 사랑하는 마음이 엷은 게 아니라
자연을 사랑하는 마음이 깊음이란 말도
자연에의 순응주의를 두고 한 말 아니던가

초추초(初秋抄) · 13

금박의 두께가 한 겹씩 벗겨져 나가
두께가 얇아진 햇볕과
금박의 두께를 한 겹씩 뒤집어쓴
잎새들의 금박 무늬가 두꺼워진 사이로
잠자리 한 마리가 날아간다
필시 보이지 않은 길이 있음이리라

따라 가면 어디쯤에서 만날 것 같은
돌아가는 길이 아닌 다가오는 길일 듯싶은
길목엔 간이역이 있을 듯한
역사 주변엔 코스모스가 피어있고
철륜(鐵輪) 대신 혼으로 찍고 가는 거수들의
발자국이 찍혀있는 듯싶은

떠나고 보내는 이별이 있을 듯싶은
간이역 저쪽으로 레일 없이 굴러가는
황금마차, 마차엔 순도 24K의 황금이 실려 있다
인디언도 갱단도 없는 평화의 황금레일
연변엔 코스모스가
손맞이 환영객으로 서 있다

초추초(初秋抄)·14

태풍이 쓸어가거나
덕석말이 해갈 줄 알았던 늦더위는
잔서로 남아 한낮을 부풀려 올리고
말아가지 못한 심술이라도 뿌리고 갔는지
찌뿌둥한, 구겨진 얼굴 펴지 못한
한나절은 흐리다

수림들이 누리던 그늘
찾는 이 없어 헐렁하고
낭창낭창한 가지엔
지난여름이 남기고 간 밀어들이 익었는지
어떤 것은 붉고, 어떤 것은 누렇게 숙성돼
물든 잎새로 언어를 대신하고 있다

필경 붉은 잎새들은
사랑의 밀어가 익었음이고
누런 잎새들은
추억이 되어버린 슬픈 표정이 아닐지
공원 늙은 느티 그늘 벤치에 앉아
가을로 숙성된 밀어들의 표정을 읽어본다

가을 예감 · 1

초능력도 아니고 그렇다고
오관(五官)의 오감(五感)도 아닌
제육감(第六感)

넘겨짚지 말거라
육감이란 물신시대의 덕목
육덕(肉德)의 육감(肉感)이 아니다

감각상호간의 호소력이랄까
감각으론 체험되지 않으면서
감각을 넘어선 초감각적 호소력이랄까

생체험이 아니면서
생체험으로는 감지되지 않는
신비성

감지되는 가을바람의 서늘기며
열독이 가신 땡볕의 그늘기며
연변의 코스모스와 낙엽이 환기시키는 가을 예감

가을 예감 · 2

불덩이에 뎁혀졌던 하늘이
본디의 모습을 회복했다

꼬리에 불씨를 달고 다니던 바람은
꼬리를 잘라냈다

낮고 검게 떠돌던 구름은
높고 파랗게 허리를 폈다

인왕의 높이가 두어 자쯤 산정을 일으켜 세웠고
두어 자쯤 가까이로 이마를 앞에 했다

수림은 데쳐졌던 잎들의 주름을 펴고
그린을 회복했다

모과목 가지에 매달려 늘여뜨렸던 모과들이
이마에 황금띠를 두르기 시작했다

이 모든 것들이 더위의 열독으로
멀어졌던 거리를 유심으로 다가서게 했다

무위는 이렇게 표정으로 암시했고
암시는 곧 무위의 언어였다

가을 예감·3

끈끈한 점액질의 혓바닥으로
온몸을 핥아 열독을 발라댄
연체동물의 괴롭힘으로
땀에 절어 살아야만 했다

화저를 꼬나든 염제의 점령군들은
종일 그늘을 지져대
열독의 영토를 확장했고
만국여재홍로중 삶은 화통신세를 면하지 못했다

연옥보다 더 지독한 열옥을 맞은 지구촌은
코로나보다 더 역병인
열독의 창궐로 염병을 앓으며
열독의 계절을 살아야만 했다

지구촌은 한발 한발(旱魃)
열사행의 유형을 감내하며
나자빠지기 일쑤였고
천형의 수인이 될 수밖에 없었다

염제의 폭정을 고발이라도 하듯
뻐꾸기는 종일 폭군폭군 외쳐댔고
처서란 절후 출구 삼아
열독의 꼬리를 잘라내며 바람이 퇴로를 열었다

헛바닥이 바람 따라 무뎌진 연체동물이
꼬리를 끌고 도주했고
오돌오돌 땀띠가 독으로 번진 이마들이 철들어
바라기한
인왕봉이 먼저 하늘을 이고 있다

가을 예감 · 4

여름 내내 악(樂)인지 질러대는 악인지를
내지르더니 악이 쇠해졌는지
악보를 떨어뜨렸는지
시력감퇴로 악보를 읽을 수 없었는지
아니면 콘서트가 끝났는지
도열해 선 채 악단이 되어 연주하던
가로수들이 일제히 경연을 멈추었다

길거리엔 찢겨져 나간 보표에 박혔던
음부들이 떨어져 나뒹굴고
경쟁이라도 하듯 막간에 끼어들었던 앰뷸런스가
굉음으론 부족했던지 한 옥타브를 올리고
일상에서 잠시 물러섰던 땀의 한때와
한가의 한때를 같이했던
그늘의 한때가 일상으로 복귀했다

열독이 빠져나간 이마들이 멀리 바라기하는
시계 저쪽의 산정들이 다가서고
무심으로 보냈던 구름들이 유심을 동행한다
멀리서 오고 있는 계절의 예감때문이리라

오는 더딘 행보와 달리 재촉하는 행보는
코스모스 보표 삼아 오선보로 그어진 길을
떨어지는 낙엽 발자국 삼아 음계를 밟고 있다

가을 예감 · 5

열독의 햇살에 꽂혀 맥을 못추던
늘어졌던 압각수 가지들이 몸을 푼다
생동감을 회복했는지 잎놀림에
삽상한 바람기가 묻어난다

더위에 꼬리가 물린 채
가지에 걸려 늘어진 채 미동도 않던 바람이
꼬리를 잘라냈는지
잎들이 폈다 접혔다를 되풀이한다

열옥이 쏟아낸 구정물 세례를 못 면한
인왕산정 구름들이 하이타이 세례라도 받아
세척이 됐는지
희고 맑기가 솜털같다

도열해 선 압각수들이 가지마다
제녀(齊女)들을 음표 삼아 매달고 있던
음부(音符)들을 뜯어내 버렸는지 조용하기가
귀를 뚫어 가을 보폭을 귀동냥하게 한다

모과

모과에 풋기가 가시면서
여름의 껍질이 한 겹씩 벗겨진다
껍질이 벗겨지면서
가을의 밀도가 한 겹씩 감긴다

벗겨지고 감기는 사이사이로
가을이 금박의 띠를 두른다
누른 이마에 가을의 무게가 박히고
박혀 황금이 된다

한 알의 모과가 가을의 빛깔
빛깔로 계량되는 가을의 무게
모과의 이마가 순금으로 익어가고
익은 이마로 가을의 밀도가 척도된다

가을 발성

가을은 선율의 계절
곧게 뻗은 신작로 보표 삼아
코스모스 꽃송이가 키의 높낮이로
음자리마다 음부(音符)로 찍혀 있다

가을은 선율의 계절
뻗힌 가지와 가지 오선보 삼아
물든 단풍잎들이 황금 음표로 매달려
가을을 노래하고 있다

가을은 선율의 계절
떨어지는 낙엽마다 음표·음부가 되어
오선보 없이도 가을을 발성하는
발성마다 메아리가 되어 가슴에 감긴다

가을은 선율의 계절
코스모스 꽃송이도, 단풍잎도, 낙엽도
제마다 ♩가 되고 ♪♫가 되어 화음하는
아 가을인가

제2부

근황 · 독거시편

근황시편·1

무탈하게 보낸 하루에
감사한다
배우러 오는 제자 있어 자리 같이하고
아직 유효기간 지닌 지인 있어
찾아주면 고마움은 덤이다

삼시 기르지 않고 제때 입맛에 부족함 없고
때론 한 산의 막걸리 반주 삼으니
홍복은 못 돼도 실덕하지 않음일 터
평범한 삶 좇아 안분지족으로 살거니
분수를 사랑함 아니던가

거기에 몇 편의 시 얻어
마음의 시장기 달래면 금상첨화
한 잔 술에 노을 타 보낼 수 있다면
홍복에 값함 아니던가
더 바라 무얼 하겠는가

근황시편·2

추석이면 부모를
간 아내를 떠올리게 하고
두고 온 고향을 떠올리게 한다
병들어 쓸모없는 육신 중
떠올릴 수 있는 성한 가슴을 사랑한다

육신과 함께 마음 병든 지 이미 오래
돌아볼 수 있고 그리워할 수 있고
사랑할 수 있는 가슴 지녔음이
어찌 고마움이 아니겠는가
비위난정 고질병으로 지니고 살아가는 삶

바라는 것 없으니 욕심할 것 또한 없고
탐할 것 없으니 무탈로 보내는 그날그날이
어찌 안분지족 아니겠는가
분수 밖의 것 멀리하고 살면서
가까이할 수 있는 것 함께 하며 즐기는

달리 무슨 복이 더 있어 바람하고
분수 밖의 것 바란다고 이루어지기나 하던가

주어진 그날그날의 삶에 충실하는 일
충실하며 분수껏 삶 아끼고 사랑하는 일
근황 이러하면 복됨일 듯싶어서

근황시편 · 3

공휴일이면 쉬면서 내일을 위한
에너지 충전도 필요한 일
헌데 내 처지는 쌓인 일들
공휴일로 미뤘다 한꺼번에 처리하는 소이로
휴일이 평일보다 더 고달픈 하루다

종일 서두른 부지런 덕에 미뤄뒀던 일
무사히 잘 끝냈다
끝나면서 시작되는 휴식
도우미 없이 홀로 하는 고달픔이
다디단 소이는 이 때문이다

어스름이면 도지는 발병에도
내성이 생겼는지 그리움이란 처방만으론
약발이 약하다
좋아했던 술 끊은 지 수년
요즘 한 잔 생각이 간절한 소이가 약발 때문이다

달래는 수밖에
달래며 내공을 기르는 수밖에

약으로도 다스릴 수 없는 소환이니
이열치열이 그러하듯
이모치모(以慕治慕)가 자가 처방전 일밖에

근황시편 · 4

시집 500권 출간을 목전에 두고
자축연을 기획해 봤다
맨 먼저 축하해 주실 분을 모시고자 했으나
모두들 가시고 없었다
새삼 왕늙은이가 됐음을 실감했다

이리 되는구나
내 차례가 가까이에 오고 있음이구나
아쉬운 것도 미련도 바람도 없다
가는 날까지 무탈했으면 싶을 뿐이다
종종 고향도 조상님도 간 아내도
생각난 걸 보면 돌아갈 때가 됐음일 듯싶어진다

때맞춰 원로 최원규 시인께서 전화를 주셨다
안부를 묻고 좀 더 사십시다로 덕담을 나눴으나
주변을 돌아보니 선배로 모실 분이 없었다
자랑할 일 없고, 남겨 놓을 일 없어도
딱히 부끄러운 일 없으니 살아온 삶에의 충실로
위안 삼아본다

근황시편 · 5

하루의 반은
살아가는 일에 투자하고
나머지 반은
살아왔던 일에 투자한다
그중 남은 자투리 시간이 있다면
휴식을 위해 투자한다

투자와 달리
하루의 반은 살아가기 위해 허비하고
나머지 반은
살아왔던 일에 허비한다
그중 남은 자투리 시간이 있으면
잡사에 허비한다

안빈낙도라 했던가
투자와 소비의 균형과 여가의 실용까지
분수껏 살아가며
안분지족이면 더 바라 뭘 하겠는가
어쩌다 가슴이라도 자장하면
그리움도 소환해 보고

근황시편·6

재채기
콧물
눈물
가려움증 동시다발에
멈출 줄 모르는 연속성
'이런 염병할'이 절로 터져나오는 소이다

이비인후과 노 원장 왈
"코가 민감해서 그러니 그러려니 하셔"
'의사가 한다는 말이 말이여 소리여'
"다시 보지 맙시다"를 덕담으로 남기고
처방전 들고 약국으로 간다
약이란 게 낮에는 졸림병 유발로 밤에만 먹는다

졸음에 나가떨어진 것까진 좋은데
전립선 비대로 잦은 요기
끝까지 참고 견디다 일어서면
요 장애가 와 몹시 고통스럽고 짜증스럽다
한 가지 병에 약발이면 다른 병엔 부작용, 허니
절로 내뱉느니 비염 두고 악담으로 하는 말 '염비'

독거시편 · 1

말이 독거(獨居)지
아내와 함께 살고 있는 셈이다
40여 년을 한집에서 함께 살았으니
아내의 손길 닿지 않는 것이 하나도 없다
자잘한 일상용품에서 옥상의 화분 하나까지
손닿는 곳에 아내의 손길이 닿지 않은 것이 없다
허니 독거가 아닌 아내와 함께 사는 것이 된다

독거공간은 지하, 2층, 3층, 옥상까지
1층을 제하곤 건물 하나가 온통 독거공간이다
독거실엔 어머니와 아내 사진이 걸려 있고
날마다 어머니와 아내와 셋이서 이야길 나눈다
오순도순 이야기 나누고 사니 어찌 독거겠는가

그래선지 그 어느 것 하나도 아내의
체취가 배어있지 않은 것이 없다
체취뿐만이 아닌 아내의 미소에서 표정까지
체온에서 숨결까지 배어있지 않은 것이 없다
허니 어찌 독거이겠는가
혼자 살면서 독거가 아닌 삶이다

독거시편 · 2

옛일을 생각하면 슬퍼지지만
되돌려 회상하는 것은 기쁜 일이다

옛일을 떠올리면 기쁜 소이
현실이 슬프기 때문이다

옛은 기쁨과 슬픔의 두 얼굴을 지닌
야누스

한 얼굴엔 행복 또 한 얼굴엔 불행
운과 불운을 관장하는

회상 · 회억 · 회귀의 아름다운 옛과
단독자 · 외톨이 못 면하고 사는 오늘의 독거

독거시편 · 3

주말 어스름
하루의 표정이 한 겹씩 지워져 가면서
얼굴에도 가슴에도 한 겹씩 그늘이 드리운다

습관처럼 층계엔
발자국도 없이 어둠이 찍혀 있고 무거운
발걸음이 어둠 발자국 삼아 층계를 오른다

오란 곳도 없지만 갈 곳 또한 없다
무거운 몸을 끌고 현관에 들어서면
기다렸다는 듯이 우르르 몰려나와 맞아주는 공허

한참을 어둑신이가 되어 서 있다가 불을 밝히면
각기 표정을 달리한 공백들이
도깨비 무리가 되어 에워싼다

하루에서 풀려난 자유함이
독거로 울타리 친 독고(獨孤)에 영어된다
시작과 끝이 맞물린 독거의 하루가 이러하다

오늘을 살아간다

딸의 배려로 추석날 성찬에
서울에 있는 가족만 모였다
모여 봤자 네 사람뿐
그 외는 다 외국에 거주중이다

한가위만 같아라 한다더니
정성들인 차례 상이 성찬이다
아내의 빈자리와 위 아닌
간이 받아주지 않아 굶다간 아내가 떠오른다

배가 고파도 약물중독으로 상한 간이
받아주지 않아 먹을 수 없어 굶는 아내의
딱한 가엾음을 지켜보며 먹어야 했던
내 성한 건위가 역겨웠던 날의 기억들

눈물에 밥을 말아먹어야 했던
비정 아닌 생이고자 한 비정
아내는 그렇게 갔고 나는 그렇게 살아남았다
극과 극의 갈림길에서

성찬 앞에 하고 일으키는 비위난정은
건위 때문이 아닌 비정에의 역겨움
산다는 역겨움보다 더 벌스러운 형벌로
오늘을 살아간다

주말의 시 · 1

내 삶은 주말 인생
일요일은 탈옥수란 한 시인의 시구를 떠올린다
한 주의 삶의 고리와 생이란 밧줄에서
벗어났다 함이니 생이 곧 죄라는 등식이다
헌데 주말 인생은
일요일이란 게 생의 고리에 엮이고
삶의 밧줄에 묶인 삶의 현장인 복당살이다

'분노의 포도', '에덴의 동쪽'의 J. 스타인 백
"휴일이란 게 지루해 죽겠어,
누구나 없이 잡혀 산단 말이야"도 떠올려 볼만
일요일에 잡혔으니 묶인 신세
부글부글 끓는 분노, 포도송이처럼
가슴에 하지 않았겠나
해서 묶임 없는 에덴의 동쪽 꿈꾸지 않았겠나

주일날이면 성경 옆에 끼고
탈옥수가 되기 위해 발걸음들 교회로 향한다
주일을 한 주의 녹슨 것을 없애는 날이라 했던가
녹이란 때 묻고 상한 더러움인 죄와 상징등가물

지은 죄 사함을 받기 위해서다
헌데 주말 인생은 방목된 야생마에서
주말의 목장으로 끌려 온다 울타리 안 복당으로

※ 복당(福堂) : 감옥의 이칭.

주말의 시 · 2

휴일이면 즐겁게 보내는 계획으로
기쁨이 배가한다
주말 인생인 나는
미뤄뒀던 일들을 휴일에 정리하는 일로
수고로움이 배가한다

계획했던 대로 일을 잘 마무리하면
하루치의 행복은 배가해
수고로움을 상쇄하는 기쁨에 값한다
동업자의 아르바이트를 고려
주말 인생이 된 지 오래, 잘 적응하며 산다

한 주치의 밀린 일들을 다 처리하고 나면
뿌듯함과 홀가분함이 평소에는 맛보지 못한
하루를 마감한 자투리 시간의 휴식과 함께
평일에는 체험하지 못했던
여유까지 제공해줘 즐겁다

주말 인생
그런대로 즐기는 삶으로 잘 길들여져 간다

동업자의 노고에 항상 감사한다
나는 쓰고 동업자는 이를 컴퓨터에 담아
정리해주는 수고로움이 늘 고맙다

주말의 시 · 3

인간은 근본적으로 신앙과 인내로
이루어지고 있다 했던가
인내를 폭력보다 강한 정복이라 했던가
둘 다 옛분들 말씀이니 허사 아닐 듯

나에게도 인간의 근본인 신앙이 있다
시를 종교로 알고 믿는 신앙이다
인내를 신앙에의 충실에 못 미치는
인내의 사촌뻘인 인종에 더 충실했을 듯

인종을 두고 악이 존재한다는 증거라 했던데
그 증거에의 충실로 인내를 포장했던 듯
이치로 치면 악과 동거했음이다
악과의 동거 도치(刀治)시대의 삶들이 인종 같아서

나어서

환절기 체온조절
아침·저녁 싸늘기는 긴소매로 막고
한낮의 더운기는 겉옷 벗어 식힌다
따지고 보면 짐승들 털갈이나 다를 게 없음이다

다를 게 없으면서 다른 것은
털이 짐승들의 외피에 돋아나 있다면
인간들은 안에 돋아난다는 점이다
그 대표적인 것이 양심에 돋아난 털

정신덕목을 대표하는 양심에 털이 돋았다면
짐승과 다를 게 없음이다
외양상 다르지만 근본이나 본질에선
같음이 되는 소이 때문이다

해서 하는 말, 짐승 같은 놈은 양반
짐승만도 못한 쌍것들이 판치는 세상에
그 판 벗어나지 못한
육덕(肉德)의 한 사내가 나어서

비염앓이

새벽
연속다발 재채기에 놀라
어둠이 달아난다
어둠만이 아니라
콧물에 씻기어 잠도 닦여 나간다

비염앓이
새벽 차가움이 비강을 자극
일으키는 발작성 민감증이다
멍코보다는 명코가 더 나을랑가
이리 새벽부터 닦아내니 미각이 민감할밖에

명코면 뭘하랴
고소하고 착한 내면의 것들은
맡아내지 못하고
더럽고 추한 구린내 맡는 데만
명코인 것을

그럴 바엔 차라리
명코 아닌 멍코가 더 나을 것을

멍코값 주문한 적 없는데
하루를 시작부터 재채기 콧물
비염앓이로 새벽을 연다

한때의 한가

여유를 즐기는 한때의 한가를
옛분들 한운야학(閑雲野鶴)이라 했던가
하늘엔 구름자락 한가롭고 들엔 절로 나는
학이라 함이니 유유자적을 두고 한 말 아니던가

열독 치유한 병후의 한숨 돌린 한가
느티 그늘에 앉아 바라기하는 하늘엔 흰 구름
한 마리 깃털 세워 날려 보내본다

고향 학의동에서 품고 왔던 학은
마음을 실어 보내는 전령사
오늘도 먼 하늘로 그리움 실어
소천한 아내 곁으로 날려 보낸다

그리움 가슴에 일어 갈기 세운 날엔
방목하던 한 마리 백마도 소환해
천리마로 달려 보낸다, 하늘가 어디쯤
날려 보낸 학과 백마는 만나고 있을까

눈에 걸린 구름과 가슴에 이는 그리움이

유심이 되어 만나는 한가의 한때
갈기 세워 날려 보낸 백마와 깃털 세워 날려 보낸 학
바라는 아내와의 해후 대신해 만나고 있을까

시인의 길에 충실로 안분지족

문학인생 64년
게으름 피우지 않았던 것도 사실
부지런께나 떨었던 것도 사실
둘 다 사실인데 결과는 맺은 것 없는
오실(誤實)뿐이어서 허망타

노벨문학상 수상 소식에
첫 반응은 축하였지만 이어지는 느낌
왜 의구심이 수반되는 걸까
의구심과 함께
스스로의 문학인생이 허무해 지는 걸까

이룬 것이 없어서일까
이루지 못한 것에 대한 공허함 때문일까
묻지도 탓하지도 말 것이
문학으로 돈벌이 계산기 두들겨 본 적 없고
명예로 앞장 세워본 적도 없어서

시를 신앙으로 알고
시인의 길을 믿음의 길로 걸으면서

헛발질 없었던 충실만은 노벨상감
시를 신앙으로 알고, 시인의 길을
구도의 길로 삼았던 충실이 안분지족이어서

그리움 · 1

맑고 청명할수록
짙은 그늘을 드리우는 곳이 있다
언제부터인가 풍속을 달리하는 가슴
젖을수록 범람하던 가슴이 마를수록
주체하지 못하는 그리움의 원천이 됐다

청산이 멀고 하늘이 아득할수록
아득함에 가 닿고자 한 가슴바라기
수력발전이 아닌
원자력발전만이 자장할 수 있는
젖지 않고도 범람하는 신식 모터의 펌프질이다

방전률 · 주파수 · 감전율은 미지수
초능력이 그러하듯
청명에서만 자동 점화되어 작동하는
터빈의 펌프질이 퍼내 방출하는
그리움

맑고 청명할수록 자장 성능이 고속화한
가슴은 터빈 발전소

펌프질로 퍼내
멀고 아득한 가 닿을 수 없는 곳으로
그리움을 방출한다

그리움 · 2

따뜻한 체온이 그리운 계절이다
싸늘해진 날씨 때문만이 아닌 언제부터인가
가슴에 찬바람이 불고 있음이다
우계의 계절에 그리움이 그랬듯이
체온이 그리운 날엔 한속기 달래기가 힘에 겹다

가슴만이 아닌 마음의 허함일 듯도 싶고
독거의 외로움일 듯도 싶은
따뜻한 체온에의 그리움은
정으로 그림이 아닌 육의 그리움이다
이정이치(以情以治)가 아닌
이육이치(以肉以治)라고나 할까

따로 처방전이 없으니
스스로 이름 짓고 스스로 달랠 수밖에 없는
소환 아닌 종신지질이 되어버린
가슴으로도 마음으로도 다스릴 수가 없는
신종 독거병이라고나 할까
병명이 없으니 처방 또한 없음이 당연인 그리움

영주권이 부여된다

일에 쫓기고 시달리고 매달리다 보면
정서적 여유와는 담을 쌓게 된다
정신적 여유도 예외는 아니어서
육체적 노동에 밀려 추방되기 마련이다

휴식의 한때 추방된 내면적인 것들은
소환되기 마련이다
휴식과 휴가 등가치이고 휴가와 여유 또한
다르지 않아 소환된 것들과 해후하게 된다

가슴의 기능 부활과 함께 정서적
정신적 부활로 함께 회복되고
접어두었던 것들이 펼쳐지면서
외로움은 선택, 그리움은 필수가 된다

선택보다 필수에 무게중심이 놓이고
고분지통이 법도의 선택권을 행사한다
그리움이 헌법 제1조가 된다
에덴민주공화국, 영주권이 부여된다

늦깎이 인생 아니던가

추석 연휴 닷새를 별 할 일 없이
소일거리로 보냈다
나름의 일당에 충실했으니 더 바람은
노욕이거나 분수 밖

휴일답게 잘 지냈으니 무얼 더 바라겠는가만
아내한테 가보지 못했던 게 미안하다
연휴 번거로운 교통체증을 피하고자 함이
소이지만 주말로 정했으니 며칠을 늦춘 셈이다

그립고 보고 싶고 못 잊어 했던 것에서
고맙고 감사했고로 바뀌었지만
미안하단 점도 변함이 없다
고맙고 감사하고 미안함

평생 간직하고 기리고자 함이니
연민의 정과 함께 사랑이 된다
사랑
사랑하고 보니 사랑이 무어란 걸 알 수 있을 듯

그 사랑을 비우는 일로 하루하루를 산다
갚을 길은 없지만 감사로 간직하고 싶어서다
감사하며 사는 일
망구에 덕을 배우다니 늦깎이 인생 아니겠는가

대자(對自)

아무도 없다
혼자 있다는 것과
홀로 있을 수 없다는
고독과 허무의 알 수 없는 깊이에의
피투(被投)에 절망한다

타고 올라갈 밧줄도
사다리도, 내미는 손도 없다
수직 굴형
외침마저 정벽(汀壁)이 핥아 삼켜버리면
어두운 절망뿐이다

지옥이라 했던가
단독자라는 죄명 말고는
형량도 형기도 알 수 없다
기어오르다 떨어지다를 반복하는
무기수다

구원
바이블의 해독에 서툴러서일까

신 아닌 너이거나 당신
달리는 우리라는 대자(對自)
대자만이 구원이 된다

당신 얼굴

내 가슴의 흙벽에
걸린 얼굴 하나
백년가약으로 함께 하는 날로부터
지금까지
내가 죽는 날에도 간직하고 갈
얼굴 하나

웃는 얼굴에서 우는 얼굴까지
눈·코·입·귀 새기곤 한번도
지우거나 잊었거나 외면한 적 없는
얼굴 하나
지금은 떠났지만 가슴의
흙벽엔 그대로 새겨져 있는 입상

이마를 긋고 간 주름 하나도
입가에 맴돌던 미소의 떨림 하나도
눈으로 말하던 이슬 맺은 한 방울 눈물도
세월 가도 변할 줄도 지워질 줄도 모르는
그때 그 모습 그대로
내 흙벽에 새겨져 있는 당신

외로움과 그리움

맞는 기쁨 있으면
보내는 섭섭함도 있기 마련
함께 하면 즐겁고
따로 하면 외롭고 슬픈 소이가
별리의 정서적 체험 아니던가

살아있는 사들의 보내고 떠남이 이러하면
삶과 죽음의 사별은 더 말해 뭣하랴
장자는 고분지통이라 했지만
고분지통탄, 통한, 통회를
다 합친다 해도 부족할 듯

사별의 슬픔이나 아픔보다
사별 후 홀로 살아가는 외로움과
그리움이 체험해야 하는 고분지통탄
감사와 고마움으로 마음 고쳐먹고 또 고쳐먹어도
종신지질 되어버린 외로움과 그리움

외로움 & 그리움

외로울수록 그리움 배가 되고
그리울수록 외로움 배가 되는
내 피를 갉아먹고
심장을 갉아먹고
가슴을 갉아먹고 사는
쌍생아

어떤 날엔 천리마가 되어
펄펄펄 갈기 날리며
질주하기도 하고
어떤 날엔 학이 되어
구천을 향해 날아가기도 하는
내가 사육하는 애마와 애조

앉아서 천리를 돌아오기도 하고
먼 하늘나라를 다녀오기도 하는
달래는 노독이 커피향보다
향그러운
그리움과 외로움
외로움과 그리움

사천(思泉)

퍼내면 퍼낼수록
범람하는
바닥을 드러내지 않는 샘 하나 있다

유식하겐 사천(思泉)
더 유식하겐 멜랑콜리
헌가가 틈새를 보이면 분출한다

때론 사강(思江)이 되어
장강으로 흐르기도 하고
깊이 모를 봇물로 고여 달과 별을 사육하기도 한다

금비늘을 세운 우수들이 별을 낚아먹고
승천의 꿈을 꾸기도 하고 은비늘을 세운
잡사들이 달을 삼켰다 토해내기도 한다

나는 생각을 낚는 조옹이 되어
장강을 따라 걷기도 하고
금비늘 은비늘의 대어들을 낚기도 한다

언어의 그리움

그리움 앞세우고
마음이 동행하고 따른다

에덴파라다이스
꽃송이로 피어 있음직한 얼굴
수국이 먼저 맞아준다

유계의 유리창을 열면 한 장의 가족사진과
몇 권의 시집을 벗하고 살던 아내가
체신공무원증 사진으로 맞아준다

딸애는 눈물로 말하고
아들은 묵도로
나는 영통의 언어로 말한다

서로 다르면서 같은
눈물·묵도·영통의 언어는
에덴파라다이스의 공용어

사랑으로 살다가

사랑이 되어버린
사랑으로만 통하는 언어의 그리움이다

사랑학 · 1

내 생애에 두 분의 여인
어머니는
평생 불효라는 결핍을 사랑으로 주셨다
아내는
그리움이란 풍요를 사랑으로 주었다

사랑은 모순을 낳고 동시에 그것을
풀어나가는 것이라 했던가
사랑한다는 건 자기를 추월하는 것이라 했던가
결핍과 풍요의 모순의 조화
내게 있어 사랑은 조화를 통한 초월이다

포로스와 페니아의 아들인 에로스
아버지 포로스는 충족과 부와 풍만의 신
어머니 페니아는 빈곤과 결핍과 가난의 신
부계와 모계의 풍요와 결핍의 사랑을
완전의 사랑으로 지향하는 부단한 욕구

나는 그 사랑을
어머니와 아내의 사랑에서 배우고

배워 실천함으로써 사랑의 욕구를
충족하고자 한다
불효라는 결핍과 그리움이라는 풍요의 조화로

사랑학 · 2

세월 따라 주어가 바뀌었다
슬픔과 아픔에서 모정(慕情)의 그리움으로
그리움에서 고마움으로
고마움에서 감사로
감사에서 사랑으로

그렇구나
슬픔과 아픔, 그리움과 고마움
고마움과 감사를 한마디로 할 수 있는 말이
사랑이었구나
이제사 그걸 깨닫다니

여직도 사랑엔 철이 들지 못했음이거나
늦게 철이 듦인 듯싶다
아내 간 지 3년여 만에 이를 이제사 깨닫다니
서투른 인생에 서투른 사랑이었던가 보다
사랑학
시방 나는 열애중이다

못다 했던 말

Ⅰ. 어머님
낳아주시고 길러주시고
가르쳐주신 은혜에 감사합니다

한 번도 행복하게 모시지 못한
불효에 죄송합니다

어머님의 아들로 태어난 것에 감사하며
자랑으로 알고 행복합니다

Ⅱ. 여보
당신의 남편이 되어
한생 함께 할 수 있어서 행복했습니다

당신의 희생과 봉사와 가없는 사랑에
감사했습니다

가슴에 마르지 않는 샘 있어 당신 그리며
살아갈 수 있어 감사하고 행복합니다

감사한다

이루고자 한 꿈 접었으니
아름다운 미래는 없고
되돌아보는 아름다움
추억으로 간직하고 있으니
제대로 늙었음 아닐지

가버린 것은 아름답다 했던가
추함도 못 면하고 사는 주제에
아름다움 주어처럼 입에 담음이
추함이나 아닐지
추하고 아름다움에 빛깔도 없는

연휴 한가가 환기시켜 주는
가버린 날들의 소환이
가슴에 지닌 소환(所患)과 다르지 않음이니
늙고 병들었음일 듯
다행한 것은 쳇병이 아니어서

제마다 젠체하고 사는 쳇병시대
끼이지 못하고

못해 열외·낙오 못 면했음이
쳇병 밖일 듯싶어서
쳇병에 오염되지 않은 건강에 감사한다

행복이란

돌아볼 수 있는 아름다운 옛
추억으로 말할 수 있어 행복하고

살아있는 한 가슴으로 자장 방출하는 그리움
가슴으로 말할 수 있어 행복하고
아직은 즐기며 할 수 있는 일 있어
영혼으로 기록할 수 있으니
행복하다

자식들 잘 있고
나 또한 하루하루 무탈로 잘 지내고 있으니
이 또한 덤으로 챙기는 행복 아니던가
행복이란 게 따로이 주어진 것도
바란다고 찾아오는 무망지복도 아닌
살아있는 혼 있어 혼으로 말하고
혼으로 경작하는 스스로 일구는 창조 아니던가

바람한 것 이루어진 것도
바람하지 않고 굴러들어온 것도
행복에 값하지만 땀 흘려 가꾸고

일구어 맛보는 것도 행복 아니던가
아직 흘릴 땀 남아 있고
남아 있어 일할 수 있어 거둠 있으면
그 또한 행복인 것을

연민

등이 굽고 늙수그레한 여인네가 지나가면
떠올리는 모습이 있다
어깨 나란이 팔짱을 끼기도 하고
앞서거니 뒤서거니 하며
동행했던 젊은 날과는 달리
늙고 병든 모습을 떠올리는 소이는 무엇일까

더 잘해주지 못했던
더 잘해줬더라면 하는 더더가 아파하며
소환하는 연민이 아닐까
조지약차(早知若此)라 했던가
일찍이 이 같은 것을 알았더라면 하고 후회하는
여성에게 바쳐지는 치명적인 감정 연민

고분지통을 겪어보면 안다
세월이 약인 아픔과 슬픔은 세월로 칭칭
동여매 놓을 수 있지만
연민은 세월 따라 칭칭 동여맸던
동아줄을 스스로 풀고 동행한다는 것을
동행 없이는 단독자보다 동행이 더 슬프다는 것을

수국 피는 날에

아내의 명복을 빌기 위해 찾아간
에덴 파라다이스에는
수국이 다투어 피어 있었다

꽃 앞에 서는 순간의 직감
저 꽃들 이곳에 잠든 영혼들의 현신이 아닐까
생각 이에 미치사 반기는 아내 얼굴이 떠올랐다

수국이 바람에 흔들릴 때마다
반기며 아내가 맞아주는 것 같았고
지금도 그 직감을 소중히 지니고 있다

독립공원에도 공원 앞 노변에도 수국이 피었다
꽃길을 지날 때마다 아내 얼굴이 떠오른다
웃으며 반기는

수국을 좋아하는 소이이고
수국을 사랑하는 소이이고
아내와 수국을 동일시하는 소이연(所以然) 때문
이다

허! 허(虛) 무

허허허
허함을 토해내는 감탄사가 아니다
뭐냐고?
허허허(虛虛虛)다
허무·허탈·허심·허망 채울 수 없어
토해내는 절규다

비어 있다는 것
비어 있어 채울 수 없다는 것
허무하다는 것
허무해 메울 수 없다는 것
허탈·허심·허망
채울 수도 메울 수도 없는 것

허허허
 ！！！
虛虛虛
무무무
다 동원해도 부질없어라
혼자로는 메울 수도 채울 수도 없는 것을

하루의 마무리

창밖 어둠이 내리면 잘 보내진 하루에
감사한다
레오나르도 다빈치가 하루를 마무리하며
감사의 기도를 올렸듯이

감사로 거둔 하루완 달리
딱히 오란 곳도 갈 곳노 마땅치 않다
독거 공간으로의 환제(還第)는
공허가 기다리고 있어서 싫다

무거운 발걸음을 옮겨 오르는 층계엔
어둠이 먼저 와 있다
한 계단 한 계단 오르는 층계가
허무로 끌어올려지는 오라 같다

육신을 뉘이기까지의 몇 시간은
고스란히 침묵으로 초침을 돌린다
돌린 초침에 칭칭 감긴 채 잠으로 끌려가는 독거
꿈으로 잠을 도강하며 내일로 간다

제3부

기타 시편

답

인간의 대표적 본능을 육욕이라 했던가
육욕의 욕망을 쾌락으로 즐기는
동물이라 했던가
심지어는 욕망을 쾌락으로 꿈꾸는
동물이라 했던가

정답은 아니지만
오답도 아닐 듯
욕망의 본능을 선에 두는 자에게는
정답
악에 두는 자에게는 오답이 될 듯싶어서

따져 뭘하랴
인생이란 물음에 정답이었던가
정답이 없으니 오답 있을 수도
인간을 선한 동물로 보느냐
악한 동물로 보느냐에 따라 답 또한 다른 걸

선악

선과 악이란 게
따로따로가 아닌 하나인 것을
행위에 따라 명분에 따라
정치에, 시대에, 도덕규범에 따라
각각으로 규정될 수 있는 것이 선과 악

러시아와 아프간, 이스라엘과 하마스 전쟁
평화를 짓밟아 살상을 자행한 것으로 보면 악
전쟁을 통한 평화의 쟁취란 입장에서 보면 선
이리 명분, 행위 들이대기에 따라
악도 되고 선도 돼서

전쟁뿐인가
정치도 상치(上治) 도치덕치(道治德治)는 선
하치(下治) 도치부치(刀治斧治)의
통치(痛治)면 악
다스림에 따라 악도 되고
선도 되는 것이 정치

인생이라고 다르랴

각자도생이 수반하는 삶의 방식들이
도덕규범으론 선이 악이 되고
법적 잣대로는 악이 선도 되는
규범 잣대에 따라
달리하는 것이 선과 악이어서

순응

벼도 주인의 발소리를 듣고 자란다던가
집에 있는 화분도 주인의 손길에
춤추듯 반응 한다던가
허면 고향 입구 거수 느티도
동네 인정을 먹고 자라지 않을까
나눈 인정이 그리워 향수가 되듯이
무위와 인위가 다름이 아닌
서로 인(因)함과 결(結)함으로 의(依)함이니
어찌 무·인위를 따로 떼어 놓을 수 있겠는가

화분의 화초가 마디마디 돋아난 잎을
맨 처음 것부터 차례로 떨어뜨리는 것이나
인간이 태어난 순으로 몰하는 것이나
생성소멸의 이치가 다르지 않음은
자연동일성 때문이 아닐까
각기 다르면서 같음을 드러내는 것은
근본에 인함이 있고 인함과 연함으로
의탁되어 결함이 아니던가
자연의 순리와 법도에의 순응이 자연성인 것을

한가도 반납한

한운야학(閑雲野鶴)이라 했던가
하늘엔 떠도는 흰구름
들엔 절로 나는 학이라 함이니
한가를 멋스럽게 표현한 옛분들 말씀 아니던가

그렇구나
마음 비워 보냄이니 구름 벗하 한가함이요
가둔 마음 한가로 울타리 풀었으니
학 절로 날아 한가 벗함이 아니던가

호시절의 이야기다
지금은 울타리에 스스로 갇힘 못 면한 독거
무심히 보내던 구름 유심으로 보내니
하늘에 가 닿고자 함 있음이요

학 불러 그리움 날개에 실어
전령사로 날려 보내니
어찌 한운야학이겠는가
한가도 반납한 아픈 심사인 것을

플래카드 풀이

고집불통에 일마다 오기 앞세우면
덕으로 치면 부덕이고
인으로 치면 어짊이 없음이고
정치로 치면 하치(下治) 못 면했음이다

인성으로 치면 본악(本惡)쯤이 되고
상생으로 치면 시기·질투·독선쯤이
지혜로 치면 무지
상식으로 치면 몰상식쯤이 될 듯

전신주 높이 현수막 펄럭이기에 쳐다봤더니
'고집불통 대통령, 국민건강 해친다'라고 씌어 있다
새기고 새겼더니 국민건강만이 아닌
정치건강, 나라건강까지 해칠 듯싶어서

자기 의견·자기 주장만 내세우면
독선은 필수, 상생은 필멸
펄럭이며 플래카드가 하는 말
이를 말해줌일 듯싶기도

웅변으로 말해주는 것도 있어
귀 열면 메아리로 감겨 귓속까지 파고드는 도치
눈 뜨면 삐딱한 %가
윙크하며 말해줘서

동리(凍梨)가 되어보면 안다

어언 동리(凍梨) 앞에 했으니
어찌 회고가 없겠으며
앞이 다했으니
뒤돌아보지 않겠는가

유년과 고향과 추억과 사랑과
무풍지대인 과거세
자아협소이건 퇴행이건
돌아가 안주하고 싶은

삶의 안정대 구축으로
과거세마저도
현실에 편입시키고 싶은
자아확대력이면 어떻고

현실수용에 실패
돌아가 무풍지대에
안주하고 싶은
퇴행이면 또 어떠랴

동리가 되어보면 안다
가버린 것의 아름다움과
아름다웠던 옛이
행복이었던 것을

※ 동리(凍梨) : 언 동(凍)에 배 리(梨)라 함이니 90세가 되면 얼굴에 반점이 생겨 배 껍질과 같다는 뜻으로 쓴 말.

선(善)

인간의 조건
인간의 한계를 넘어선다는 것은 불가능하다
조물주가 인간을 창조하실 때
신이 아닌 인간으로 빚어냈기 때문이다
지혜로 명지나 슬기를 주고
덕으로 어짊과 현명을 주고
행함에 용기와 의지를 주었지만
이로써도 극복할 수 없는
조건이나 한계가 있다

축복으로 불어넣어준 본능이나 생리를
어찌 거역할 수 있겠으며
초극할 수 있겠는가
인간에 부여한 것들은 억제 아닌 행함으로써
인간다움이 되고 선에 값함이 된다
지혜나 덕, 행보다 먼저 주어진 본질의 선행
소이로 본질에의 충실은 선에 값함이 된다
선이 인간 자체이자 본질인 소이다

고양이의 꿈

곱고 하얀 손이
검정 고양이의 꿈을 쓰다듬고 있다
잠이 들었는지
자는 시늉을 하는지는 알 수 없다

분명한 건
고양이의 꿈속엔 푸른 초원이 들어있고
초원을 달리는 야성의 질주와 함께
덩치 큰 맹수를 꿈꾸는 꿈이 들어있다는 사실이다

잠속에서도 발톱을 세웠다 오므렸다
긴장을 늦추지 않는 야성의 본능
저놈은 지금 곱고 아름다운 손길로 쓰다듬는
꿈속을 범이나 치타가 되어 달리고 있는 중이다

앰뷸런스 악음

영화에서 보는 외국의 구급차 경적음은
'급하니 길을 열어주세요'
양해 차원의 온건한 울림으로 들렸다

이에 비해 국산 앰뷸런스 굉음은
'우와 우와 겁을 주며 빨리 못 비켜'
강요 차원의 악음으로 울림이 달랐다

질러대고 악을 쓰고 특권인 양 토해내는
전율과 소름을 끼치게 하는
경기 차원의 괴음

형용할 수도 흉내할 수도 무슨 뜻으로
질러대는지도 알 수 없는
혐오음인 앰뷸런스 경적음에

오싹오싹 돋아나는 경기 직전의 소름이
저부나 주부처럼 쭈빗쭈빗 세운
흰 머리털을 짓이겨 뭉개고 지나간다

매질

옥편을 펼쳐보다 우연히
때릴 괵(摑)자가 눈에 들어왔다
동시에 국회를 떠올렸다
국회의 나라 국(國)자가 손수를 옆에 한 소이
입법 잘못하면 손에 매를 들어
때린다는 뜻일 듯싶었다

정치(政治)의 바를 정(正)자에
칠 복(攵)자를 옆에 한 이치와 다르지 않을 듯
정치 잘못하면 매로 때린다는 뜻이니
국회의 나라 국자에 손수 변 옆에 한 것이나
정치의 바를 정자에 칠 복자 옆에 한 이치가
같음 아니던가

그렇구나, 옛분들 이를 미리 알고
바를 정(正)에 칠 복(攵)을
나라 국(國)에 손수 변을 곁들였거니
선견지명이 아니었던가, 헌데
요새 정치하신 분들 정자, 국자에 곁들인
때리고 치는 매의 의미도 제대로 못 읽어서

비 오는 날의 함수 방정식

비 오는 날이면
우수와 동행한다
우산이 있으면 펼치고
없으면 비에 젖는다

젖어봄이 싫지 않다
우산을 써도 가슴은 젖기 마련
젖으면 이내 범람한다
격랑에의 투신을 마다하지 않는다

익사만이 강의 깊이에 가 닿는
강과 하나가 되는 일
우수와의 동행만이 가 닿을 수 있고
가 닿아 완벽한 삶이 되는

젖어보면 안다
젖지 않고는 투신할 수도 없다는 것을
투신할 수 있는 익사만이
죽음으로 삶을 건져 올릴 수 있다는 것을

비 오는 날이면 우수와 동행이다
우산이 있으면 펼치고 없으면 젖는다
젖어보면 안다, 젖지 않곤 투신 불가, 투신 없이
익사도 구원도 없다는 비 오는 날의 함수 방정식

도강(渡江)

광풍차원의 강풍에
낡은 건물이 들썩거리고 함께
불안과 긴장으로 심란하다

비가 와도 걱정
바람이 불어도 걱정
편한 날보다 불편한 날이 더 많다

다행한 것은
열옥더위를 덕석말이해 갈 비바람 덕에
열독에서 벗어나게 해준 점이다

불안과 안도의 공존
혹은 되풀이로 굳어버린 심기
고해살이 못 면한 소이다

수심을 재고 깊이 골라가며
노 대신 손에 한 삿대 하나로
기둥 삼은 삶의 도강

인간이란

인간을
사람과 동물의 중간적 존재라 했던가
인간의 종류를
스스로를 죄인으로 생각하는 의인과
의인으로 생각하는 죄인의
두 유형으로 구분했던가

무한과 유한, 순간과 영원
자유나 필연의 총합으로 보는가 하면
진리에 대해서는 얼음
허위에 대해서는 불로 보기도 하고
무한에 비해서는 허무, 허무에 비해서는 일체인
무와 일체의 중간물로 풀이하기도 하는 인간

중간이면 한가운데이자 중심
이쪽저쪽으로 치우침이 없는 중간대면 중용
중용으로 지나침과 모자람이 있으면 악의 특색
지나침과 모자람도 없으면 덕의 특색으로
도에 대입하면 최선, 힘에 대입하면 지고지선
법도로 치면 화(和)가 인간의 조건이어서

오아시스를 찾고 있는 중

그리움은
낙원에서 발행한 영주권
APT도 없고 초원도 없지만
퍼내고 퍼내도 마르지 않고
바닥도 드러내지 않는
감로수를 쏟아내는 참샘
오아시스가 있을 뿐이다

사람들은 자장기능이 퇴화해 버렸거나
상실돼 버린 무쇠가슴으로 살아간다
자장하지 않으니 그리움 충전될 리 없고
충전되지 않으니 방출인들 되겠는가
방출되지 않으니 그리움이 말라버린
가슴으로 살면서 낙원을 상실한 채
열독의 열사에서 팍팍하게 살아갈 수밖엔 없다

낙원의 상실이요
가슴의 자장기능 퇴화로
방출불가의 그리움 때문
낙원에서 추방되지 않는 유일한 영주권인

그리움 생산불능
오늘을 사는 우리는 마른 목 적시기 위한
그리움의 오아시스를 찾고 있는 중이다

추억

지나가버린 것들은 아름답다 했던가
행복했던 시절이었기 때문일까
다시는 돌아갈 수 없는 시절이었기 때문일까
그리움만이 갈 수 있는 시절이었기 때문일까
셋 다인 때문일까

아니면
오늘의 삶이 불행하기 때문일까
불행을 피해 안주의 공간으로
돌아가고 싶은 때문일까
둘 다이기 때문일까

그리움이 낙원에 사는 영주권이듯
추억은 행복했던 시절도 돌아가는
귀환열차표
언제나 돌아갈 수 있고
돌아가 영주할 수 있는

내가 지니고 사는 이 세상에서
가장 아름다운 이름은 추억

그 아름다움으로 가슴하고 사는 고향을
나는 사랑한다
사랑하는 추억을 고향하고 사는 행복을 사랑한다

연휴일기

추석 황금연휴 5일간은
내겐 재테크 기간이다
그리움을 최대한으로 증식하는

에덴의 금융가엔
저축은행이 많다
그리움을 부로 증식하기 위한

퍼내면 퍼낼수록
바닥을 드러내지 않는
금광맥보다 더 소중한 항시 범람하는 샘

연휴에는 마음껏 퍼내
저축할 예정이다
가슴이란 거대한 금고에

봇물로 넘치면
방목해온 천리마에 실어 보내기도 하고
사육하던 학의 날개에 띄워 보내기도 하고

아내는 이자만 챙기고도
기뻐할 것이다
후회 없는 증여였다며

비가 오면

비가 오고 있었어
수국이 비에 젖고 있었고
등나무 그늘 벤치엔
기다림이 비를 맞고 있었어

'비가 와서 어쩌'를 뒤로 하고
나는 떠났고
아내는 마음 동행으로
보내주었어

비가 오면
투창 대신 우산을 꼬나들고
나는 돈키호테가 되었고
아내는 산초가 되어주었어

아내가 앉았던 벤치를 찾는
비가 오는 날
그날의 당당한 기사도는 아니지만
늙은 시인이 간 아내와 해후하는 날이
비 오는 날이었어

명절 유감

추석이나 설 같은 명절이 다가오면
조상의 은덕에 대한 고마움과
다하지 못한 불효에 가슴 아파한다

풍수지탄(風樹之嘆)이라 했던가
불효는 부모에 대한 몫이고
고마움은 아내에 대한 몫이다

불효는 일찍 철들지 못했음에 대한 뉘우침이요
고마움은 아내의 사랑과 헌신에 대한 감사다
명절이면 회상하며 가져보는 풍수지감(風樹之感)

뿐이랴, 가버린 날들
함께 했던 날들의 아픔과 행복도
갖는 마음 다르지 않는 것을

인연하고 살았던, 인연하고 살아가는
모든 삶에의 감사를 일깨워주는 명절
가신 부모님, 아내를 그리는 가슴에도 감사한다

비 오는 날

비가 오는 날이면
"비가 와서 어쩌"를 입버릇처럼 뇌던
아내 생각을 하며
아내가 걸었던 코스를 비를 맞으며 밟는다

긴 우산을 투창처럼 꼬나들며
아내의 염려를 뒤로 하고
돈키호테처럼 비를 가로지르는
세브란스행 행보가 비를 발길질한다

아내 대신 간 아내 생각이 동행해 주는
우편 집배물을 끌대에 싣고 오는
매일 오후 1시면 출발, 2시 반이면 돌아오는
2시간여의 코스는 즐겁다

아내가 밟았을 발자국을 그대로 밟으며
홀로 내딛는 행보가 외롭지 않다
아내 생각이 대신
동행해 주고 있기 때문이다

근심스런 얼굴로 쳐다보며
"비가 와서 어쩌"
꼭 다시 들으며 보고 싶은 얼굴을
비가 오는 날이면 들을 수 있고 볼 수 있어 좋다

비 오는 날의 아내 주어
"비가 와서 어쩌"
어쩌긴, 당신 생각 우산으로 펼쳐 받쳐 들고
우산 속에서도 젖어보는 가슴은 행복한 것을

우울

비=우울
유식하겐 우(雨)=우수(雨愁)
서양식으론 우=멜랑콜리
정신의학적으론 우=울증
비가 오면 도지는 조울증
플루타크 영웅전에 의하면 큰 인물의 특성
아리스토텔레스에 의하면 가장
재담을 잘하는 사람들이 지닌 병
J. 애들리에 의하면 타인에 대한 계속적인
분노, 비난
카네기에 의하면 자살로써
스스로에게 감행하는 복수
영국 속담에 의하면 하루에 한 번 우울해지기
않는 사람은 어리석은 사람
하디에 의하면 문명인을 사로잡고 있는 문명병
내 진단으론 비가 오면 도지는
간 아내를 연모하는 연민의 병

깜박증이 될 줄이야

깜박깜박 깜박증
늙으면 ○어야가 절로 나온다
내가 나를 미워하는 깜박증

헌데 어쩌랴
깜박깜박 깜박증에도
깜박깜박 순간 포착으로 인화되는 얼굴

망각증이 심할수록
잊혀지지 않는 재생능력으로
빛을 방출하여 박히는 이름

깜박깜박 명멸하는 망각증이
깜박깜박 점등으로 불 밝혀 환한 빛으로
어둠을 지워버리는 깜박증

깜박깜박 등불로 켜지는
얼굴
깜박증이 당신 얼굴 밝히는 등불이 될 줄이야

신촌 세브란스병원에서

오늘도 몇 사람이나
절망을 짊어지고 왔다가
희망을 앞세우고 가는지
희망을 앞세우고 왔다가
절망을 등에 하고 가는지
희망과 절망의 교차역 혹은 간이역인
신촌 세브란스 암병동

상하(常夏)의 우리 라운지는
희망을 말하고 절망을 말하며
생사의 갈림길에서
생을 이끌어내기도 하고
생을 보내기도 하는 간이역
살아가야 할 고향과
돌아가야 할 본향에의 이정표를 세운다

절망에서 희망을 찾아가는 출발지면서
희망을 접고 절망으로 돌아가는 가숙지도 되고
이별과 만난
새로운 출발과

영원히 돌아올 수 없는
불귀의 장소가 되기도 하는
신촌 세브란스병원

존함에 먹칠한 것이나 아닐지

국가 권력서열 10위 내에 들
인권위원장직
면접도 안 보고 지명됐다니
시쳇말로 하면 특채쯤이 아니던가

어떤 놈은 면접마다 떨어져 울고
어떤 이는 면접에서 떨어져 울고
어떤 양반은 면접도 없이 지명되고
양반은 양반값을 한 모양

양반값뿐인가, 이름값도 한 몫 했을 듯
안창호면 신민회, 흥사단을 창립
3.1 독립운동을 이끌고 상해임정
내무총장을 역임하신 애국지사 아니셨던가

독립운동을 주도했던
위대한 분의 이름과 성함이 같았다니
이름 같이해 이름값한 것은 어쩌겠는가마는
존함에 먹칠한 것이나 아닐지

땀의 결실

여름에 하루를 놀면 겨울에 열흘을 굶는다
우리 옛분들의 말씀이다
여름에 땀흘리지 않고
가을에 결실인들 있겠으며
결실 있어 거두니 겨울에 굶을 일인들 있겠는가

봄에 허리 굽혀 심은 가을
여름 땀으로 가꿔야
가을 수확도 쭉정이 면하는 법
땀 흘리길 마다하지 않았으니
겨울 걱정인들 있겠는가

열옥살이 마다않고 땀흘렸고
여름을 '열음'으로 가꾸고 익혔으니
땀에 값했음이다
토실토실 살이 찐 시어들은
땀으로 숙성시킨 겨우살이용 내 양식이다

땀깨나 흘렀다

시집 490권 출간
기네스북에선 영역을 해오란다
노벨문학상을 준대도 번역은 못한다
풍시조가 원용한 pun은
영역불가이기 때문이다

자랑할 만 하다고?
시랍 64년이니 시집 490권이면
1년에 7권여의 시집을 출간한 셈
광기가 아니곤 불가능한 일이다
64년을 미쳐 살았으니 광기도 상광기다

편수론 4만여 편
1년이면 600여 편
하루엔? 계산해서 뭘 하나
미치지 않고는 할 수 있는 일이 못 되는
한 생 미쳐도 제대로 미쳤음이니 후회는 없다

그렇다고 자랑도 아니다
명작은 없지만 최선을 다했으니

나름으론 최선의 작품들 부끄러움도 없다
오는 10월께면 마스터플랜인 시집 500권 완간
한우충동의 소가 아닌 우직이 땀깨나 흘렸다

※ 한우충동(汗牛充棟) : 책을 수레에 실으면 소가 땀을 흘
리고 쌓으면 대들보까지 닿는다는 뜻으로, 장서가 많은
것을 비유하는 말.

현황

도망쳤던 코로나 지난 호시절 못 잊어
창궐에 창궐을 거듭하며 찾아들고
병원들은 돌아온 탕아처럼
문밖으로 내치고

한은은 성장률 2.4% 하향, 금리 동결하고
민간소비 내수회복세는 거북이걸음이고
열독더위 벗어난 듯싶어 홀가분했는데
가게 부채가 한 짐씩 등에 업히고

동결금리 두고 대통령실은 '아쉽다'
집권여당은 '유감'이다
이에 대해 한은은 '독립성 침해 소지' 제기하며
저글링 중 피력하고

돛폭 올린 지 한 달째
한동훈 호는 용산 맴돌며 벗어나지 못하고
그나마 다행인 건
배 산으로 가고 있지 않다는 나침반 판독

기대했던 여야 영수회담은
무산 가능성 솔솔 가을바람으로 풍기고
이러다 정치권 추풍낙엽 신세나 안 될지
그래도 기싸움이 세운 핏대는 고혈압 못 면하고

무위 읽기

2024년 10월 20일 인쇄
2024년 10월 30일 발행

지은이 / 박진환
발행인 / 박진환
펴낸곳 / 조선문학사
등록번호 / 1-2733
주소 / 03730 서울 서대문구 통일로 389(홍제동)
대표전화 / 02-730-2255
팩스 / 02-723-9373
E-mail / chosunmh2@daum.net

ISBN 979-11-6354-321-3

정가 10,000원

* 인지는 저자와 합의 하에 생략
* 잘못된 책은 서점에서 교환해 드립니다.